AF603755

Les vers de la vie

BIBLIOGRAPHIE DES AUTEURS

Efry Trytch Mudumumbula

Mimbi et le monde - (roman) - 2016
le chemin qui mène vers - (roman) - 2018
Chronique d'un Dieu oublié - (nouvelles) - 2020.
Le dernier forfait de Dolè in *Ce que le chien a vu à Nzeng Ayong* - (nouvelle / Collectif UDEG) - 2020.
Brasiers de vers - (poèmes / Collectif CODAAF) - 2020.
Même à distance - (poèmes / Collectif) - 2020.
Bien conjuguer - (essai) - 2021
L'appât-science - (théâtre) - 2021.
Mémoire épluchée - (nouvelle) - 2021.
Ghélongo ou le remède - (roman avec Okoumba-Nkoghe) - 2021

Efry T. Mudumumbula
&
Fath Kumbe Manduku

Les vers de la vie

(Poésie)

Gabon

ISBN : 978-2-37806-316-0

PRÉFACE

Les dieux eux-mêmes meurent,
Mais les vers souverains
Demeurent
Plus forts que les airains.

Ces mots de Théophile Gautier en disent long non seulement sur la force et le souffle éternel de la poésie, mais aussi sur sa facilité à dialoguer avec l'âme, et à l'irriguer de ses vers flamboyants. La flamme des vers souverains, incessante et vivifiante, vient éclairer l'homme sur des horizons nouveaux. Elle apporte à l'être, englué dans la condition humaine, une lueur d'espérance et des solutions à des problèmes quotidiens. S'il est vrai que « *l'homme est né libre et partout il est dans les fers* » comme le rappelle Jean-Jacques Rousseau, il faut dire que l'essence même de la poésie est de sortir l'individu de ces fers, pour lui redonner sa liberté initiale.

Ainsi, pour redonner à l'Afrique sa souveraineté esthétique et culturelle, les poètes Efry T. Mudumumbula et Fath Kumbe Manduku ont accouché *Les vers de la vie.* Dans un symbolisme de sons, et dans une relation entre son et sens, ces deux auteurs exaltent le passé africain. En effet, *Les vers de la vie,* sous le mode métaphorique et imagé, réverbèrent implicitement les cultures orales, menacées d'extinction sous l'effet de l'urbanisation. Ils mettent en perspective les éléments culturels des peuples ayant subi des violences symboliques, à travers le fait colonial et l'irruption de la modernité occidentale.

Consommer l'Iboga
Parler avec nos aïeuls
Écouter le son suave de la vérité
Manger aux côtés des esprits

Construire le pont de la réussite
Appliquer les valeurs de la destinée
Baigner de l'eau de la source
Succomber aux charmes de l'oralité

Ces vers que l'on retrouve dans le texte donnent le ton de la beauté de la vie en contexte d'oralité. Ils traduisent la richesse d'un univers par lequel certaines sociétés tentent d'assurer la pérennité d'un patrimoine verbal, ressenti comme un élément nécessaire de ce qui est au fondement de leur cohésion communautaire. Ils disent la grandeur d'un monde dans lequel le discours est consommé au moment même où il est produit, sans que pour cela on ait besoin d'un quelconque objet qui serve de médiation entre l'énonciateur et son auditoire. Ces vers de la vie vantent une terre où la parole se pose comme fondatrice de l'existence humaine.

Malheureusement, cette terre est émaillée des dictatures et des boursoufflures des pouvoirs arbitraires. La répression, la corruption et le détournement des capitaux au profit des hauts fonctionnaires déchirent le continent noir. Soutenus par les anciennes puissances colonisatrices, les dirigeants du continent piétinent la constitution de leur pays, et *patrimonialisent* la *res publica*, qui est sensée appartenir à tout le monde. Et pour que n'apparaissent pas dans les interactions sociologiques un corps de citoyens capables de mythifier l'histoire et de revendiquer une force d'exister, les États monolithiques manipulent la culture aux fins politique.

Pour sortir l'Afrique de cette asphyxie culturelle et pour la débarrasser de tous ces pouvoirs autocratiques, Efry T. Mudumumbula et Fath Kumbe Manduku s'inscrivent dans l'idéal de la Cafritude de l'intellectuel gabonais Magloire Ambourhouet-Bigmann. En effet, contrairement à la Négritude, qui s'adressait d'abord à un public occidental, la Cafritude, loin d'être une alternative, se veut un dépassement esthétique et épistémologique du courant politique et littéraire initié par les Césaire, Damas et Senghor. Ce dépassement consiste à réévaluer les valeurs ancestrales, afin de garder et d'introduire les plus efficientes dans la dynamique de construction d'un rapport au monde basé sur une interculturalité effective. *In fine*, les deux Albatros, à travers leur poésie, veulent amener l'Afrodescendant en général, et le Gabonais en particulier, à avoir un regard circonspect du contemporain qui considère l'héritage ancestral, en sachant ce qu'il doit conserver et ce dont il doit se défaire.

Kévin-Colbert Mba Mbegha
Doctorant en Oralité Africaine
INALCO-Paris

La conscience

Le pays a misé sa vie
Sur nous
Alors, nous allons encore élever le cri
Pour vous

Nous allons régler le devis
Pour ne pas se défiler
Relever le défi
Pour défendre la vérité

L'État n'a jamais été notre ami
Et ça, c'est depuis *kolo kala*
Comme notre cher Odika
Dans tous les mets, nous sommes servis

Notre verbe se déhanche
Et dans leurs bouches
Disparaît la toux
Afin que nos noms sonnent tout
Doux

L'État a trop le *chiba*
Mais nous avons du caractère
Comme le ministre de la Défense Yaba[1]
Nos mots sont au-dessus de leurs commentaires

---

[1]Personnage de l'une des nouvelles de Michel Ndaot tirée de *Nouvelles*

Nos textes viennent des cieux
Ils sont la lumière des pieux
Chemin que doivent prendre les artistes
Qui suivent l'hameçon, visions tristes

Il a beau faire nuit
Mais nos écrits brillent
Nous sommes le soleil de minuit
Les étoiles qui dans la nuit, scintillent

Nous sommes la survie du peuple
Le réveil tendre et simple
Nous sommes les jours enjolivés
Les maux lessivés

Nous sommes le porte-flambeau
La voix
Qui conduit sur la voie
Le chant de ceux qui sont partis

Le hourra ! Le cri
Des guerriers morts
Qui sort
Des tombeaux non endormis

Il pleut des cris de gloire
Nous esquissons des pas de la liberté
Retrouvée
Dans ce pays longtemps embrigadé par le soir

---

inachevées intitulée « "Zéro sur dix »".

La flamme

La force se trouve dans le regard
Le registre d'une appartenance
La cadence d'un régime
Le fruit d'une occasion favorable

La projection de l'un dans l'autre
Le son de la cloche interpelle
Dire sans dire, c'est dire quand même
Écoutons ensemble sans pareil

Le las de la vie sans magie
La magie d'une vie en abondance
L'absence est présence
Et la présence est absence

Le chant de l'oiseau voyageur
Le sifflement du paysan baladeur
Le reniflement du serpent scanneur
Et le ronronnement du vieux moteur

La démarche fixée vers l'avant
La rencontre de deux ailleurs
La chair d'une même chair
L'interpénétration du perroquet mystique

Être dans plusieurs lieux à la fois

L'amour pondéré des verbes
Donne l'envie de découvrir
Marche inlassable de l'universel

Le partage des essences
L'éveil de tous les sens
L'émotion du savoir
Et le pouvoir de voir

La joie de ne plus regarder sans voir
Le plaisir de jouir des Mystères
La raison est union
La fertilité des mondes

Cette flamme que les anciens appellent interface
Matérialité plurielle du vécu
L'élément principal du langage
Il n'y a pas d'hommes ni de femmes

Juste l'émotion d'apparaître
Le bonheur d'appartenir à l'autre
La joie de se trouver à travers
Et de traverser main dans la main

Marcher à l'unisson sans relâche
Le pas de l'un derrière celui de l'autre
Goûter à la vertu de la vie
Celle même Créatrice

La source, elle est
Le point, elle est

La chute, elle est
La terre, le vent et le feu, elle est

Ferme la bouche
Ferme les yeux
Ferme les oreilles
Ouvre ton cœur

Viens juste
Suis juste
Écoute juste
Ce sont les réseaux d'une même connexion

La protection

La protection en douce caresse de la vie
L'éjaculation furtive de l'envie
Ce murmure tendre à nos oreilles
Flottant comme le doux parfum des hirondelles

Le levant de la nature entraîne l'espoir
Je suis juste celui que je suis
J'apprends de cette voix vive les instructions
L'objectif à atteindre est le bout du tunnel

Aller au-delà de ce qui est
Toucher de l'index ce qui n'est
Prendre le breuvage qui naît
Sans détruire ce qu'on connaît

Juste que la route vers le tunnel
Dépend de moi
Mais aussi de l'autre moi
Celui qui s'assure

Et assume de tout prendre sur lui
Sur le chemin, il fera chaud et froid
Il y aura le vent et la pluie
Mais il sera toujours là, de prêt ou de loin, je sens

Suivre l'écho au loin de ce qui est

Prendre conscience de ce qu'il y a
Aucune crainte de la voie
Elle est une forme d'assurance, je le sais

J'irai jusqu'au ciel
Chercher la vérité
Je boirai le miel
Pour vivre l'éternité

L'éternité passerelle des mondes
La vie éternelle par l'entremise de mon autre
Apprendre à vivre de son réel
Pour ne faire qu'un et un seul Être

Vivre, c'est pouvoir se défendre
Vivre, c'est être heureux
Vivre, c'est dormir dans un lit mielleux
Pour vivre la joie jusqu'à ses cendres

Sentiment d'une odeur profonde
Percutante et attachante
La preuve d'un accompagnement sans faille
Le frisson de pas être

Jaillissement de l'esprit intérieur de l'homme
Le sentiment profond du tout accompli
Marchant loin des nuages incompris
Et flirter avec le Dieu qui nomme

Je le prends sur moi avant d'aller
Encore plus loin, j'y vais

Vers le perdant et le bout du silence
Ma carrière infiniment grande s'y trouve

Comprendre que l'âme du guerrier
Détermine sa force
Elle est le courage parfait
Et l'humanité en action

Interdit

Sacrifice de connaissances
Sacrifice de savoirs
Sacrifice de religions
Sacrifice de passions

Faire preuve de refus de l'ordinaire
Accepter la douleur de ne pas faire
La marche vers le temple
Analyse, étude et différence dans l'interdit

Le pas lent et leste
La vision noircie
Le regard baladeur
Recherchant la voie

L'interdit attire
L'interdit fait frémir
L'interdit fait gémir
L'interdit donne des frissons

La considération entraîne la curiosité
Aller plus loin
L'objectif au bout de l'effort
L'assurance maladie de la racine

Vision éclatante

Force de combattre
Vue horizontale
Affirmation du sacrifice ultime

Que peut bien cacher l'interdit ?
Pourquoi nous l'interdire
Quand, on sait le bien qu'on a en retour ?
Vivre c'est aussi oser

Prendre son envol
Tracer son chemin
Vivre sans peur
En homme libre

Aller avec bonheur
Plaisir gourmand de voir
Amour de réussite
Souffrir pour une récompense

Reconnaître son peuple
Jouir de la victoire
Malgré les jours amers
La joie de vivre à l'intérieur de cet intérieur

Prendre c'est réussir
Réussir c'est partir
Partir c'est mourir
S'en aller loin là-bas

Loin du monde
Loin de la vie

Loin de tout
Ne plus exister

S'interdire de vivre
S'interdire l'interdit
S'interdire les vices
S'interdire pour la bonne cause

Le plaisir un Éphémère
La connaissance est meilleure
L'apprentissage un effort
La réussite un combat

Haine

Très mal, très offensé
Les officiers ont vendu le rêve
L'avenir de demain
Celle de toute une vie

Aucun remord
Ils dansent
Ils suivent l'intérêt
En nous exposant dans les murs

L'autre ne compte pas
L'autre ne compte plus
Seuls eux sont forts
Seuls eux sont importants

Tout pour eux
Et rien pour nous
Le plus fort gagne
Sauf que jamais, ils ne perdent

L'amour est en fuite
L'amour est ignorant du peuple
L'amour est tombeau
L'amour est mort

La haine des décisions
La haine des dirigeants

La haine de l'ailleurs
La finalité cette pensée

Partager n'est pas bon
Partager est malédiction
Partager n'est construction
Partager est suicidaire

Le faire c'est accepter de souffrir chaque nuit
Le faire c'est dire oui aux ennuis
Le faire c'est créer sa propre disparition
Le faire c'est une totale annihilation

L'argent tue
L'argent entraîne la perte
L'argent divise
L'argent éloigne

Juste les larmes des sorciers
Juste servir la mauvaise cause
Juste un jeu à leurs yeux
Juste envie de rester riche

La richesse est personnelle
La richesse donne le pouvoir
La richesse c'est le pouvoir
La manette qui contrôle le monde : la manivelle

Pourquoi la céder ?
Pourquoi éviter d'en utiliser ?
Ne pas le faire

C'est devenir soi-même esclave

Refuser
Sacrifier
Détester
Avec rage

Dire non !
Je ne t'accepte pas !
Dire, je te déteste !
C'est exprimer sa haine

Des veines en sang
Des veines en sueur
Des veines vertes
Des veines en vue

Les cris du matin
Les cris du soir
Les cris en ne plus en finir
Les cris du mal

La douceur du crime
Le plaisir de faire souffrir
Le bonheur du mal
Quelle jouissance !

Les pleurs des enfants
Le rire sarcastique de la mort
Les blessures infligées
En pensée et en parole, quel pied !

Repartir

Quand elle marche
À pas lent derrière toi
Et que partir se fait résistant
Entends alors le cri haut de l'espoir

Partir et s'émouvoir
Rencontrer le bonheur
Chanter sa joie
Danser au rythme du plaisir

Prendre la vie du bon côté
Vivre un lendemain meilleur
Vivre chaque jour un beau séjour
L'aisance du refus du fardeau

Croire en ce rejet
Croire en son pouvoir
Croire à son humanité
Croire à la vie, la belle

Légende des peuples
Légende des croyances
Légende continue
Légende de l'infini

Incompréhensible parfois

Inacceptable par eux
Incroyable et sublime
Inconnue et mystérieuse

Je vote pour sa visibilité
Je vote pour sa vulgarisation
Je vote pour sa suite
Je vote pour son avenir

Je prends son devenir grand
Que je fais mien…
Je prends son avenir glorieux
Entre mes deux mains

Le passé nous instruit
Le présent est rassurant
Le futur un rêve
L'avenir sera meilleur

L'union est une forme de force
Marchons ensemble pour construire
Les péripéties ont l'avantage de nous faire comprendre nos échecs
Battons-nous simplement ensemble...

Le retour

Partir pour revenir
Parfois, il est essentiel de fuir pour mieux rentrer
Respirer l'odeur de la terre natale
Ouvrir la banque des souvenirs

L'illumination devant le passé
Les fous rires de la paix du cœur
Le vertige des cueillettes du sommet des arbres
Revenir sur le sommeil de la poitrine chaude de la maternelle

Raconter autour du feu
Boire les paroles vivantes
Respirer l'air qui sauve
Gémir aux caresses de la nature

Elle est d'un vert éclatant
Elle est symbole de la vie
Entendre le cocorico matinal du coq
Et s'infiltrer dans les entrailles du bien-être

S'enfuir dans la forêt enchaîner les travaux
Frémir aux chants des oiseaux
L'effort de la récolte du siècle
Se mourir au travail des champs. Quel bonheur !

Prendre le vent de la savane
Admirer le lointain des animaux les plus sauvages
Couvrir l'horizon des cris des hommes
Boire le lait naturel des palmiers d'Afrique

Revenir pour sentir cette magie
Revenir pour sentir ce frisson qui emporte
Revenir pour mieux savoir
Revenir pour mieux comprendre

Comprendre le sens véritable de la famille
Cette famille qui est mon énergie
Comprendre le sens de la vie
Cette vie problématique, mais vitale

L'importance c'est d'accepter le retour
Le retour pour l'héritage
La garantie de la succession
La survie du patrimoine des mânes

Les crises détruisent le pays des miens
Relever la dimension spirituelle dans la nuit
Le sacrée du nocturne dans les étoiles
La projection par la tradition des hommes

Consommer le d'Iboga
Parler avec nos aïeuls
Écouter le son suave de la vérité
Manger aux côtés des esprits

Construire le pont de la réussite

Appliquer les valeurs de la destinée
Baigner de l'eau de la source
Succomber aux charmes de l'oralité

Le manque des veillées traditionnelles
Revivre les transportations du kaolin blanc, une issue de voyage
Le rouge vif du monde
Le noir de la vision

La poursuite du rêve du Bandzi
Le travers de l'invisible dans le visible
Le retour au pays des rois
La communion avec celui qui revient de là-bas

La torche de l'espoir

Partout dans la ville, il brûle...
Les flammes traversent les frontières
Et les autres provinces emboîtent le pas
Les se comptent morts par centaines, c'est fini, le pays est perdu

Aux flashs infos, tout est calme et sous contrôle
Mais la vérité nous révèle des réalités autres
Le peuple vit ses derniers moments
Il a atteint le seuil, la mort est assurée

Destin brisé par la chaleur
Les larmes se versent en masse
Température ambiante aux allures endiablées
La douleur devient le quotidien de l'homme

La respiration devient compliquée
L'air manque, asphyxie
La pièce se transforme en enfer
Soudain les questions s'enchaînent

Peut-on vivre dans ces conditions-là ?
Que faire pour changer cette vie de malheur ?
Le silence des rois est le basculement
Mourir sans pouvoir combattre

Perdre avant même que celui ne commence
Sinon, aller dans une guerre sans arme
Le ciel jadis sombre s'ouvrit soudainement
Le silence des cieux se rompit instantanément

Aussitôt la lumière fut
Une lueur dans la vie des hommes
Le sourire du jour à l'horizon
Le pays reprenait l'aspect des dieux

La berceuse invitée à la table des rois
Le paradis du fils du village fleurit
La fillette de l'esclave devenait femme
Le jour pouvait succéder tranquillement à la nuit

La lumière pénétrait l'obscurité
La torche longtemps éteinte se rallumant
Sa beauté éblouissait les entrailles de l'obésité de la nuitée
La mort de transformait désormais en vie

La terre infertile devenait fertile
Le ventre sec de la déesse était fécond
Le renouveau prenait ses appartements
Et le désespoir chantait espoir en battant les mains

Le feu avait repris à animer les contes
Les chansons aux rythmes du kaolin avaient repris dans la cour
Les plantations des pauvres remplissaient les banques asséchées

L'avenir confié aux rejetons des nuits villageoises

Magnifiques populations au bonheur assumé
Dignité humaine rapport au travail
Enfants de tristesse et sans avenir meilleur à l'école des blancs
La réussite passe par le chemin de la souffrance

Ne connaît le succès que celui qui a les secrets de l'échec

La nuit noire

La nuit est noire
Et les oiseaux silencieux
La peur s'installe
Et les oreilles au travers des murs sont en alerte

Le hibou écarquille ses grands yeux
Le chat miaule tristement au bord du feu
Le ventre rempli de rien
Et les ascaris sont en éveil

L'astre de la nuit perd son incandescence
Les lucioles incapables d'accompagner la négresse de service
Le maquillage du temple sans reflet
La nuitée perdue dans l'écho du silence

La harpe brille comme une lumière cachée
L'invisible prend possession des tambours des hommes
La musique du réveillon de la nuit manque d'appoint
La serve de la direction indique la mauvaise voie

La courbe du soleil est pleine
La journée a fini son parcours
Le levant est mort
Pour que vive le couchant

Point de lueur à l'horizon
La maison est vide de tout
Le rêve a arrêté de survivre
Point de réalité, tout est utopie

La réalité des hommes n'est pas celle des dieux
La marée noire enfuie dans le sombrant sommeil
Un rêve sans réaction trahie par le diurne
La tristesse dans la nuit sans continuité

Faisons parler notre conversation d'hier
Restons positifs pour réagir au bruit des eaux froides de l'entre-deux
Le sifflet de la sirène entraînant la peur du pêcheur
Le silence sans implication du destinataire reste vague

La froideur de la nuit fait peur
La tranquillité des eaux, un tourment
La ceinture de Dieu, une punition
La beauté suprême, un élixir de l'espoir

La candeur appartient au berceau
Les illusions sont vendeuses
La source a tari sur un chemin pittoresque
L'allusion est picotement et miroitement

La face cachée de la lune refuse d'écrire la suite
La saison des masques lance la riposte
La verticalité brouille le bout du tunnel

La nuit vient d'arriver, mais le temps reste plat

Bientôt le versant des animaux *vampires*
Le choc des dimensions aux allures revanchardes
La victoire pour l'élu des saintes Écritures
Pitoyable terreur pour le rancunier

La nuit est noire
Et les oiseaux silencieux
La peur s'installe
Et les oreilles au travers des murs sont en alerte

Le hibou écarquille ses grands yeux
Le chat miaule tristement au bord du feu
Le ventre rempli de rien
Et les ascaris sont en éveil

Le vent se lève lentement
Les arbres applaudissent ardemment
Les murmures sont des silences
Des silences bien trop parleurs

Les chiens aboient sans raison
Les vagues pleurent la beauté jour
Les poissons se noient d'épuisement
Dans cette nuitée profonde

Seule l'arrivée compte
Partir sans savoir où aller
Le repos n'est pas justifié

Mais la noirceur de la nature donne des douleurs au dos

Le poids lourd du coin sombre parle en silence
La ressemblance des voix donne à réfléchir
L'instant, minuit s'étale bientôt
Le lien entre eux passe par la nuit

Ô nuit noire !
Ô nuit sans inspiration !
Ô nuit sans expérience !
Ô nuit aux nouvelles maudites !

Que nous réserves-tu demain ?
Pourquoi cet air particulier
Planant au-dessus de nous comme des vautours
Patientant la mort de leur proie ?

Malgré la résistance des uns et des autres
La puissance de l'absurde l'emporte toujours
Le pouvoir détruit les faibles
La fraîcheur rend les opposés amis

Sacrée nuit froide datant
Au crépuscule des inconnus
Vie des sorcières aux longues mains
L'impuissance des nains aux cœurs d'argile

L'eau, la terre, l'air et le feu

L'air balaie notre environnement
Le vent caresse nos têtes
Il embellit notre corps
Il est la douceur fraîche chaque jour

C'est le chuchotement de la nature
La berceuse de toujours
C'est la musique céleste
Celle qui nous enseigne la note de la vie

L'appartenance d'un ventre aux couleurs identitaire
Espace de vie et d'accomplissement
Manifestation d'une espérance
La chaleur berceau d'une mère pour son fils

L'eau source de vie et d'espoir
Une eau de baptême : de purification
Manifestant la bénédiction des parents
Validation d'une prière de réussite

Elle est sensibilité
L'eau est source
Le point de chute
Le Ditéghulu, l'Etimbè

C'est la beauté existentielle

Le charmeur de l'intérieur
Le souffle infini
Et la voie du salut

L'air dans laquelle s'envolent les idées des hommes
L'air triomphe du rassemblement des nations
L'air souffle de vie
L'air espace terre et ciel

L'air repend le feu
Le feu réchauffe les âmes
Le feu nourrit les ventres
Le feu participe du bonheur

C'est la flamme qui est âme
L'âme cultivée du monde
La flamme est jaillissement
La beauté faite feu

Le feu sèche les mentalités laides
Le feuilleton de l'humanité
Le feu arc-en-ciel atavique
Qui luit à mille lieux et à mille moments

L'eau lave
La terre accueille
L'air rafraîchit
Le feu illumine

Lumière vive des nations
Instrument de connaissance

Pavillon de connexion
Machine de communion

L'air, l'eau, le feu
Sont les maillons
D'une paire de quatre
La terre est le carrefour

La terre est la passerelle
Celle qui relie les quatre éléments
L'eau, l'air, le feu et la terre
L'avant hier, le hier, le aujourd'hui et le demain

L'homme naît-là
Il se lave-là
Il se nourrit-là
Il s'évade-là

La nature est grandissante
Animaux et hommes ne faisant qu'un
Les masques et la tradition permettant le retour
L'espoir est la nourriture de celui qui vient de là

La liberté

Liberté de penser
Liberté de croire
Liberté de *paroler*
Liberté de voyager

Apprendre à se laisser guider
Apprendre et accepter les religions
Apprendre à lire les mots des dieux
Apprendre l'amour dans la différence

Liberté hier
Liberté aujourd'hui
Liberté demain
Être libre dans chaque mouvement

Courir les pieds nus sur le sable
Voler avec le vent
Cheveux en l'air
Comme un oiseau

Rien ne vaut la liberté
Rien ne peut remplacer la découverte du monde
Rien ne se fait sans conviction
Rien n'arrive sans rêve

Rêvons plus grand

Rêvons plus loin
Rêvons plus large
Rêvons plus

Vivre le rêve de sa vie
Explorer les profondeurs du monde
Vivre sans marqueur de temps
La liberté est à la fois douce et têtue

Elle est pluvieuse
Elle est moissonneuse
Elle est divination
Elle est exaltation

Partir sans réfléchir
À la recherche du bonheur
Main croisée
Un pied après l'autre

Visiter le Christ rédempteur
Visiter la statue de la Liberté
Visiter Gustave Eiffel
Visiter le Kilimandjaro

Poussé par la folie
Sauter
Papillonner
S'envoler

Marcher au gré du vent
Dépasser les frontières

S'émouvoir sans limites
Croquer la vie à pleine dent

Se perdre dans la vallée
Nager dans les bassins les plus grands
Surfer sur les vagues les plus hautes de la planète
Se promener sur les sables blancs

Vivre et mourir dans la dignité
Faire la paix avec l'ennemi
Donner de son temps pour l'autre
Pleinement, assumer ses fautes

Liberté d'un, liberté de tous
Peuple libre, nation épanouie
Enfant libre, parents heureux
Femme libre, mari victorieux

Allumer la flamme de la liberté
Éclairer le sentier des guerriers
Marcher vers l'ailleurs en formant la paix
Le prix de la liberté passe par la souffrance des hommes

Être libre, c'est bien
Être libre, c'est doux
Être libre, c'est parfait
Être libre, c'est merveilleux

Mais liberté n'est pas désordre
Mais liberté n'est pas incompréhension

La liberté n'est pas violation
La liberté, c'est vivre heureux tout en respectant les autres

La transportation

Appartenir à la tradition
Voyager avec la flamme
Protéger par le kaolin
Déguiser par l'eau

Le mariage est l'apogée de tout ça
L'union qui rapproche
L'espoir qui demeure
La force d'avancer ensemble

Un pas en avant
Un pas en arrière
Le mouvement est rythmé
Et la musique suave

On y va, main dans la main
On y va, pour vivre le vrai amour
On y va, pour voir nos parents, nos aïeuls
On y va, demander leur bénédiction et s'assurer de leur protection

Nos pas à l'unisson on avance
Sans peur de l'adversité
Encourager par la force et la détermination
Même si le chemin n'est pas facile

Toi et moi c'est pour la vie
Malgré nos différences
Mais l'amour restera le point de chute
Notre horizon arrive à vive allure

On est ami
On est frère
On est mari
On est père

Plonger dans le monde ancien
Planter son regard dans le leur
Voler, avec eux, au milieu des oiseaux
Flotter dans l'air, léger comme une plume

Aucun palmarès ne nous fera fuir
Aucune déclaration
Aucune vérité
Aura raison de nous

Profitons du temps
Pour nous et allons
Ensemble on pourra plus
Le bout du tunnel est proche

Maître, Yondzi
Apprends-moi à noyer le malheur
Apprends-moi à vivre sans douleur
Apprends-moi à voyager sans appareil

Apprends-moi à libérer le monde

Et à célébrer la vie
Même courbé par la vieillesse
Laisse-moi encore marcher sous la couverture de ton lit

Boire de tes paroles enrichissantes
Nager dans la source intarissable
Être libre de cette vie problématique
Consommer la plante mère, l'Iboga

Marcher avec la torche de la vie
Suivre la lumière au loin
Transparaître à l'écho de la musique
Merci pour la sagesse

Tes conseils sont définitions du triomphe
Aveuglément je te suis
Sans réfléchir, je viens
Le plus important c'est la fin

Naviguez à tes côtés
Être assis à la droite du père
Être l'enfant roi
Héritier de cette vaste culture

Ô téta Nzambé Mwangabenda
Ô Gnembi tata
Vengô vengô
Ônònò

Que de douleurs enrhumées !

Que de richesses exaltées !
Que de temps accumulé !
Que de vie assumée !

Inscrire mon nom dans le manuscrit de la tradition
Celui qui me fera roi
Pour diriger avec maestria le peuple de mes ancêtres
L'amener jusqu'à bon port

La cadence est rude, mais j'y crois
Je ne suis pas seul
J'attrape le bâton
Le bâton qui donne la direction

La transfiguration

J'appartiens à cette jeunesse qui cherche
Qui cherche à découvrir la joie de vivre
De vivre libre d'être possédée
Vibrer sous l'effet de la potion

La potion qui fait voyager
La potion qui enchante mon corps
Qui entraîne mes membres dans l'extase
Hallucinant devant les images du miroir

La réalité est difficile à supporter
L'illusion est délicieuse
La folie et le rêve
Quel bien-être !

Je veux goûter aux fruits défendus
Partir loin sans jamais se déplacer
S'abandonner aux joies du monde
Bonheur et joie, l'Eldorado

Marcher sans compter les pas
Arrêter le temps sans machine
Libéré de ce monde maudit
Liberté et transhumance

Ressentir la puissance des écorces

Ressentir l'amertume du bois
Plonger dans le territoire des masques
Jouir du bonheur et planer dans la démesure

On jette les pierres à l'arbre fécond
Ô arbre de la protection !
Détentrice de vie ou de mort
Courroie de transmission entre les mondes

Messager des dieux
Détenteur de la pensée
Objet de convoitise
Celui qui l'a détient l'avenir

Il détient le pouvoir
Il détient la parole
Il détient la sagesse
Il détient la religion des religions

Aucune frustration détectée
Sentiment authentique
Vie sans plus de peur
Vie sans plus de peine

Transe
Transcender
Transcendance
Voyage

Destruction du mal
Transmuer le pire

Élever l'esprit
S'élever

Tenir bien fort la vérité
Tenir bien fort la jovialité
Tenir bien fort la fraternité
Tenir bien fort l'existence

La preuve de la vie sans vice
La preuve du sacrifice
La preuve de la bénédiction
La preuve de la connexion

L'Iboga le guide en chef
Sans quoi rien n'est
Tu permets la transfiguration
La marque du travail accompli

La blessure du contact
La tâche qui ne va jamais disparaître
La cicatrice de l'interpénétration
L'indice du choc intemporel

La fierté de l'avoir vécu
La victoire de l'avoir vu
La joie d'avoir fait la formation
Aujourd'hui, j'en sors l'élu

Je veux vivre !

Je veux repartir au village
Goûter à ce moment de jeunesse
Revivre les saisons de pluie
Tout nu ou en slip
Courant partout dans la cour

Je veux jouer avec la boue
Éclabousser la vie de cette joie
Salir les vitres de l'ennui
Laver le berceau de la simplicité

Je veux revoir la famille
Ma grand-mère et mon grand-père
Sauter dans leurs bras
Dormir sur leurs cuisses
Rire de ce monde devenu suicidaire
Pleurer sur le sort de cette génération sacrifiée
Par ceux qui pourtant ont le devoir de les protéger

Je veux quitter ce monde de fous
Dont la mentalité est empoisonnée
Ici, on ne pense qu'au singulier
Ici, on ne vit qu'au singulier
Tout est je et jamais nous
Ici, la mort du voisin sonne comme une mélodie
Un son, une mélopée du quotidien
Je veux partir pour vivre

Le berceau

Bercé par les couchés de soleil
Des nuits animées
En chœur les murmures
Les applaudissements des gamins fiers
Devant des histoires des hommes forts

Les femmes entrent elles
Autour du feu
Bienveillantes
Marmonnant les secrets des dieux

Il faut être initié pour comprendre les mystères de la chambre
Produisant des fruits qui mûrissent après plusieurs mois
Pour être succulents
Pour être sucrés toute la vie
Qu'importe le temps
Il faut savourer le miel de ces délices

Au revoir la nuit
Bonjour réveil matinal
Devant la case du départ
La direction champêtre se trouve devant nous
À l'unisson, nous chantons les chansons de la force

Celles du débroussaillage et de l'abattage des plantations de ma mère

La contemplation

Interdiction de passer
Sans s'arrêter devant l'édifice
Une merveilleuse peau bleue claire
À la longueur immense

De part et d'autre
Des badauds appartements
De l'une et l'autre des rives de la ville
Convergent vers elle

Cette dame qui embrasse
Sans distinction aucune
Sans se soucier du sexe
Les visiteurs de passage à l'intérieur de son cœur

En toutes saisons
Dans le froid comme dans le chaud c'est selon
Impossible de décliner son appel
Puisque son écho résonne
Simple comme bonjour
Elle est entre deux ponts
Je te parle de dame Doufoura
Enfouie dans Mouila

L'impératrice

Du long de ses arrêts
Du long de ses tentacules
Du long de ses divergences
Du long de ses affluents

La paix est un incontournable
La paix est incompréhensible
La paix est incommensurable
La paix est par sa tranquillité reposante

Sa vaste longueur impose le respect
Que tu sois de Fougamou
Que tu sois de Mouila
Tu t'inclines devant cette force de la nature

Naturelle et surtout nourrissante
Cette impératrice te salue
Européen, Africain, Asiatique, Américain
Elle reste fière d'appartenir à la quatrième province du Gabon chéri
Monumentale ses eaux sont un refuge

D'hippopotames, d'éléphants
Mais surtout de ces femmes aux longues queues et aux corps remplis d'écailles
Riche de cette diversité

L'invitation à la caresse ne se refuse pas
Tu vis en nous la Ngounié

La cueillette

Chaque matin comme en saison sèche
Le message est clair
Mère nature se manifeste
Par des produits bios

Loin là-bas dans la Ngounié
Précisément à Mouila
Dans le ventre de Mugumi
La plaine pouvait proposer son bonheur

Un bonheur englouti par l'objectif
Sous des petites rosées du matin levant
En file indienne
Le regard baladeur
À la recherche du délicieux sésame des plaines brûlées

Une fois aperçue, l'effervescence totale
Les jeunes pouvaient les apercevoir
Percher sur leurs piquets
On pouvait savourer l'odeur des champignons de saison sèche du sud du Gabon.

La perle rare
Celle que certains disent le sommeil du soir
Car dans le ventre

Aucun problème ne peut encore te rendre *furax*
Ce précieux cadeau de la nature peut se transformer en argent

Les voyageurs en direction de la capitale se l'arrachent
Par dizaines de bidons
Dans l'huile d'arachide
Manioc, tubercule, banane et taro y passent
Permettons-nous cette gourmandise
Bon appétit !

L’éducation

Le petit

Allô grand !
Comment ça va là-bas ?
Ici, c’est pareil
L’école au ralenti

Depuis quatre mois
Les enseignants sont en grève
L’État est démissionnaire
Et préfère des promesses non tenues

Il paraît même
Que depuis dix ans
Il ne paie pas ses dettes
D’où le mouvement

Ils réclament
La PIP de depuis six ans
Les vacations d’il y a trois ans
La prime de montée en grade
Le reclassement et les salaires impayés
Je suis fou de parler au répondeur

Le grand

Allô petit frère !
Je vais bien merci beaucoup !
Toi également j'espère ?
Ici, je réalise le fossé qui existe dans la gestion de l'éducation.

Les universités sont autonomes
Les amphithéâtres accueillent au maximum vingt étudiants
Les enseignants sont proches des apprenants
Les enseignements taillés pour la réussite du plus grand nombre

Les bibliothèques sont garnies
Chaque département, un étage
Là-bas, tu peux rester de neuf heures à vingt-deux heures
Avec le droit d'emprunter des livres

Tu peux les ramener après trente et un jours
Et en prendre d'autres quand tu veux
Les problèmes de grèves ne sont pas d'actualité avec l'éducation
Mais d'ordre national
Finalement, les bourses des étudiants passent-elles toujours ?

Le petit

Les bourses passent toujours
Sauf que cela se fait par à-coup
Un mois, c'est là
Sinon, il faut patienter le suivant

La gestion est macabre
Faisant des étudiants
De gros mendiants
Plus de campus chez ici

Tout le monde a été chassé par le gouvernement
Juste après une grève sanglante
Depuis, il nous ment
La bibliothèque est comparable à un aïeul

Avec des livres de l'Antiquité
Aucun renouvellement
Aucun entretien véritable
La cerise sur le gâteau

Une partie de la bibliothèque est un prêt-à-porter
Les vêtements ont remplacé les livres
La commerçante a remplacé le bibliothécaire
Tout comme la bêtise a pris la place de l'intelligence

Là-bas, l'avenir est assuré
Ici, le futur assommé
Là-bas, la réussite est au bout de l'effort
Ici, l'échec est le quotidien

J'ai vraiment peur
De cette vie incertaine
J'ai vraiment peur
Des ensorcellements renouvelés
Alors, grand tu reviens quand ?

Le grand

Seigneur Jésus, mon pays
Petit frère, je te jure que je réfléchis encore
Car je vais prendre une décision à la fin de ma mission
Ici, l'avenir est assuré

Mais, le cœur penche pour le pays
Mes racines sont là-bas
Venir décharger les tonnes de livres
Amasser avec le poids de ces années
Dans les bibliothèques européennes

Ici, c'est mieux de prendre ce qu'il y a à prendre
Rentrer c'est l'essentiel
Car il y a beaucoup plus à donner en venant là-bas qu'en restant ici
Être un guide pour les jeunes générations
Un modèle de réussite pour les plus modestes

Prouver que c'est possible
De rêver grand
De réussir avec un peu

Et devenir un grand parmi les grands

Inscrire son nom parmi les noms
Devenir un ambassadeur de l'ailleurs
Ramener la médaille à la maison
Pour l'exposée au vu des gens
Mais dis-moi petit frère, tu me conseilles quoi ?

Le petit

Revenir c'est mettre un pas dehors
Courir pour le malheur
Emprisonné par la faim
Et émietter ta force de frappe

Cependant, rester
C'est assassiner ton pays
Venir, c'est avoir du courage
Un rire, un pleure, tout est dans la boîte

Revenir pour assurer la relève
Revenir pour éduquer la foule
Revenir pour nous sortir de la *mêmeté*
L'éphémère est le jaloux des jaloux

L'avenir, c'est moi
L'avenir, c'est toi
L'avenir, c'est nous
L'avenir, c'est vous

Le grand

Merci beaucoup pour le courage
Merci beaucoup pour la force
Merci beaucoup pour la persévérance
Merci beaucoup pour l'encouragement

Le dernier mot me revient
Les inconvénients ne pourront stopper
La marche du retour
Le retour vers le bonheur

L'amour de partager
L'amour de servir le pays
Malgré les difficultés
L'épanouissement se trouve dès fois dans la souffrance

Car au bout de l'effort
Il y a le réconfort
Et puis je vous ai vous
Vous ma famille de toujours

Le petit

Mais attention !
Ils vont te bouder
Ils ont leurs gens
Et nous, il faut forcer pour s'intégrer

Viens alors

Mais sois prudent
Sois surtout prêt
À cogner la tête contre le fer

Malgré tout
Nous serons là
Toujours apte à t'aider
Nous serons ta lumière

La torche illuminant
Les tréfonds de la bêtise
L'épée du héros
Les marches de la vie

Le grand

Savoir qu'on peut compter
Sur la famille
Sur des amis (es)
C'est très rassurant

Au moins je sais où je vais mettre les pieds
Au moins je sais avec qui je vais marcher
J'aurais peut-être peur
Mais je serais serein avec vous

Mon pays me fatigue
Mais il me manque
Les réalités sont là
Mais je vais serrer les dents

J'avoue que j'ai peur
De ne pas savoir
Ce qui m'attend
Car les retours des autres donnent le frisson

Revenir avec la coupe
Et vendre les *nikes*
Ou le vin de palme
À la réunion des parents d'élèves
Laisse à réfléchir

Petit frère
Je sais à quoi je m'expose
Mais quel bonheur
De rentrer et fuir le froid
Et le chaud aux températures extrêmes
Qui règne ici

Le petit

Alors comme le retour du guerrier
Ta famille t'attend ici
Viens-nous vite
Viens-nous fort

Le grand

C'est bon je suis prêt
Je suis fort
Ce n'est pas le courage qui manque
Alors j'arrive !

Jamais seul

Le rêve t'a conduit là-bas
Seul, tu y es allé
Avec le moral loin d'être au plus bas
Avec au dos, le poids de ta famille restée

Loin d'être à ta place
Mais dans ta besace
Les paroles de ton père
Le symbole même de tout repère

Sur le chemin, comme une vipère
Tu marches simple et avec assurance
La bénédiction de ta grand-mère
En main, protège son existence

Le mystère résolu, elle la voix t'a dit : c'est bon
Il est temps de revenir au Gabon
N'oublie vraiment pas qui tu es
Entends la musique Dissumba, ne fais pas exprès

Ressens la douceur de la lune
Et la caresse du soleil
Observe la merveille diurne
Le jour comme la nuit, le message est pareil

Regarde toujours vers le ciel

Les étoiles sont des anges
Ce sont nos avatars, ils te protègent
Et dans ta vie, ils mettent du miel

Tu ne seras jamais seul

L'Élu

Fils
Pense à la confiance de ta mère
Et aux bénédictions de ton père
Aussi à l'Iboga qui coule en toi

Ton avenir prend sources au cœur même de la Ngounié
Tu seras toujours protégé
Par l'impératrice Tsamba et Magotsi
Tu pourras marcher tranquillement
Malgré le lieu où tu seras

Le plus important dans ta vie
Devra être : le respect des règles de la vie
Prendre en compte les avertissements
Éviter surtout de tomber dans la facilité
Et accepter de prendre des coups

Pour des lendemains meilleurs
« Va et réussis »
Mais ton épanouissement reste ta patrie
Sois heureux de revenir
Puisqu'ici c'est chez toi

Ton placenta y est planté
Ta famille également

« Va et reviens »
Pour l'honneur de tes ancêtres

Le vent

Souffle sur nos vies
Douloureuse ivresse
Douce caresse
Telle la bise sur nos lits

Viens bercer nos nuits
Toi charmeur de minuit
Viens fredonner ta musique
Sur nos corps dynamiques

Flot limpide
Tendresse simpliste
Gloire d'artiste
Regard perfide

Ô vent de la forêt
Temple des secrets
Ô hymne des îlots vierges
Contemplation des esprits des sages

Combinaison de temps
Temps printemps
Temps d'hiver
Temps d'été
Temps d'automne

Une présence assidue
Grande ou petite
La nature occupe l'espace
Il est toujours le bienvenu

Certains l'aiment
D'autres se plaignent
Mais que faire, sa présence reste
Nous sommes habitués à lui

Les années changent
Les saisons se succèdent
Mais il réapparaît et l'homme s'adapte
Il est notre quotidien

Quand la chaleur y est
Et que manque le bonheur
Brusquement, il apparaît
Chasse la terreur

Calme les ardeurs
Évapore les odeurs
Puisque la joie est son affaire
Il distribue la tranquillité sans en faire

Il contamine ses bienfaits
Seul, tout il fait
Apaise les humeurs
Pour que l'humain soit sans peur

C'est le chant de la joie

Qui triomphe des bois
Eau divine, chacun boit
Souffle équatorial, rythmé par le chien qui aboie

Oreilles tendues
Même dans les profondeurs
De la nuit, tout le monde a attendu
Le chant de l'orateur

La fraîcheur rend plus fort
La fraîcheur apparaît proche
La fraîcheur resserre
La fraîcheur rassure

La sueur disparaît
Le vent apaise le corps
Le vent apaise l'âme
Le vent l'esprit

Il a le pouvoir d'atténuer les colères
Le pouvoir de bercer les nouveau-nés
Il permet de dormir sourire aux lèvres
Il permet de rêver paisiblement

Malheureusement, il a le pouvoir de souffler le bien et le mal
Il rend heureux
Il rend malheureux
Mais, il faut toujours faire avec lui

Marcher avec lui

Compter avec lui
Patienter ses merveilles
Vivre comme un ange dans le ciel

Ô vent sublime
Ô vent magnifique
Ô vent frénétique
Serre le monde comme un slim

Pénètre le monde
Ressuscite la terre inféconde
Berce la femme folle
Redonne vie au sol

Éloigne le mal sur terre
Offre-nous soixante-treize bien-être
L'être
Lui, adore les choses du « par terre »

Il redonne la vie aux cultures
Il redonne l'espoir aux cultivateurs
Il redonne la force aux emplois
Il nourrit les pauvres

Il est loyal avec la terre
Présent toute l'année
Il est ponctuel
Il définit la partie reposante des hommes

Il matérialise et attire la prudence
Il faut se couvrir

Il faut se protéger des maladies
Il faut se vêtir de manière décente

Il peut être rude
Il peut entraîner le deuil
Il est glacial
Il est motif de malaise pour l'homme

C'est le bras du forgeron
La hache de l'abatteur
Le marteau du maçon
La pelle de l'apprenti

C'est le mur de la maison
Le poteau solide
Le murmure aux oreilles
La base de tout fondement

Le chercheur de torches

Je marche dans la rue
À la recherche de biens
Elle est calme
Tout est sinistre

Le vide impose sa supériorité
J'ai peur, mais ne recule point
La mission est grande
Elle est vitale

Suis-je bien au bon endroit ?
Me suis-je perdu
Dans ces rues propres
Ses lieux de beautés ?

Sur les murs en or
Il est gravé des mots
« Rues saintes »
Lis-je

Sont-elles véritables saintes ?
Propres, peut-être
Belles, aussi
Saintes ? Je n'y crois pas

Que vaut une rue

Bien que belle
Bien que propre
Sans véritable lumière ?

Partir d'une idée
Cultiver une pensée
Respirer l'espoir
Activer l'esprit

Fort de l'espace
Un pas vers l'autre
Ici ou ailleurs
La conscience de réussir

La lumière au zénith
Le soleil brillant sur elle
Souvenir des conseils
Il faut rester positif

Marche, parle, danse
N'arrête pas, vivre de sa destinée
Il n'existe pas de hasard
C'est le destin de croire

Y'aura des rencontres
Y'aura des rendez-vous
La flamme du dehors
Sera ton guide

Refuse de pleurer devant la déception
Ton sang pourrait être froid

Un parent, un ennemi
Le salut viendra du bout de la rue

Alors j'avance sans regret
Empoigne la ruelle à gauche
Puisque celle de droite
Me semble encore plus belle

J'avance à pas de retard
Le vent siffle aux oreilles
La veste se lève
Comme vénérant le moment

Elle salue les murs au passage
Embrasse les portes closes
Enfonce la banalité du désespoir
Pour que l'espoir

Haut
Comme le maître de la scène
Droit comme un okoumé
Rapide comme le jour

Étranglant la nuit
La vérité se trouve
Dans les matitis
Des maquis triomphent les cris

J'aperçois des silhouettes en mouvement
Un pas à gauche
Un pas à droite

La danse fait des merveilles

Dans ce lieu oublié
La musique bat son plein
Les hommes ivres se défoulent
Pour plaire aux déhanchés des belles femmes

Il pleut la danse
Les pas s'enchaînent
La joie inonde le moment
Je suis au bon endroit

La vérité se trouve dans les tôles en haut, tôles en bas
Côtoyé les poubelles donne des ailes
Les plus belles choses se cachent à Kingston
L'artiste est à sans famille

Derrière la prison sort d'un talent
La gare routière fabrique des commerçants
Comme quoi le talent vient des ghettos
La plus belle perle est dans Akébé

Regardez ça
Ne sois pas surpris
C'est la vérité
Ça, c'est l'incroyable talent

Dans un maquis de Nzeng
Impossible de croire que la danse vient de là
La danse pure sans règles
Juste le respect entre danseurs

Magnifique la joie de vivre
De regarder les nattes sur la tête d'une femme
Sans spécialisation cette jeune dame
Accorde ses doigts pour réaliser ses œuvres

Affirmatif le talent n'a pas besoin de richesse
Mais le talent est une richesse
Pas de complexe, car le pauvre
Est riche de talent

Je traverse la ville
Passant non loin de l'université
J'entends sourdre des mots de cet endroit

Temple où croulent les oubliés
Temple ou règnes les cris
Les pleurs
Les peines

De centaines de réfugiés intellectuels
Les balbutiements de mes pas
Les oreilles en alerte
Cherchent le lieu de provenance de cet air

Qui chante la miséricorde
J'entends des sons
Qui fracassent la porte des maux
La vie y est
Alors, j'accours

J'accours pour nuire à la bêtise
J'accours pour que s'élève le sage
J'accours pour qu'accouche
Le saint de cet enfant béni

J'accours pour que vive la joie
Les peines ont sacrifié la réussite
Dans les poches des hommes riches
Les pauvres ont le talent

Mais les riches ont l'argent
J'accours pour sauver cette vie
J'accours pour les sortir
Des tiroirs de l'inexistence

Le pays a des talents
Les politiques les négligent
Le jour que ceux-ci comprendront
Les joies et le potentiel de ces talents

Le pays se revêtira de ses plus belles plumes
Les danses seront étoilées
Ce sera simple
Ce sera beau
Le ciel criera au bon air

Les éclairs acclameront enfin
L'accouchement de l'éléphant
Le jour sera mi-sombre
Mi-éclairé

Il y aura pluie
Il y aura soleil
La tranquillité régnera
Et la paix le mot d'ordre

L'arc-en-ciel
Encerclera notre bonheur
Dans une étreinte musclée
Et la condamnation ainsi
À la vie éternelle

Le paradis

Ne pas avoir peur de partir
Même si, il faut vouloir vivre sans se retirer
Arrêter de se pose des questions
Vaincre la peur de disparaître

Se dire juste que le nom reste
Il reste avec les enfants
Les amis de la pensée
L'œuvre accomplie restera fidèle

Malheureusement oui, le jour viendra
L'inconnu est forcément terrifiant
Le voyage n'est pas rassurant
L'arrivée improbable

La rencontre un mystère
Les retrouvailles une surprise
L'adaptation une énigme
L'installation un questionnement interne

Juste l'idée fait peur
Peur de vite partir
Peur de ne pas être sélectionné
Peur de ne pas y arriver

Le « il paraît » est énigmatique

Le « là-bas c'est meilleur » n'est pas encourageant
Pour certains
Il laisse sans satisfaction

Les détails manquent
Il faut s'assurer du départ
Voyage vers un monde inconnu
Voyage vers l'ailleurs

Prends un instant pour toi
Réfléchis et comprends
Les merveilles de là-bas
Pour jouir de la grâce d'y arriver

La vie sur terre conditionne la suite
L'avantage de faire le bien promet le bonheur
L'inconvénient du mal envoie en enfer
Il faut juste accepter le jugement dernier

La sentence du président des hommes
Vu que la décision du père touche les enfants
Hommes, femmes ou enfants
Ils y passent tous devant la Cour suprême

Un péremptoire ou les êtres sont égaux
Il faut s'interroger pour éviter le choc
Faire des choix de vie
Et vivre selon les commandements

Il est à savoir que là-bas
Les prédécesseurs y sont

Mais il faut être de la sélection
Celle qu'imposent les lois du monde des purs

Avoir vécu en faisant du bien
Être donc sans tache
Marcher sur le chemin de la vie
Faire du bien aux autres

Donner du sourire à la tortue
Grimper sur le dos du kangourou
Sautiller avec les gazelles
Battre de l'aile avec les papillons

Voler avec les hirondelles
Chanter le chant sourd des silures
Esquisser le pas du signe
Sous la mélodie du rossignol

Avoir le cœur d'un bébé
Se libérer des chaînes du monde
Craquer l'allumer de la sorcellerie
Voici le prix à payer

Voilà pourquoi il faut éviter de faire le mal
Vivre les pires sévices de l'enfer
Être brûlé par les flammes du mal
Manger les fleurs du mal

Dormir debout
Le repos n'existe pas
Travailler en tout temps et en toutes saisons

Abandon du sourire au détriment de la colère

Pour manger, il faut suer
Pour dormir, il faut avoir la permission
La douleur du fouet une chanson
Les formes de politesses sont interdites

Il fait très chaud là-bas
Il fait trop froid là-bas
Il pleut manifestement trop là-bas
Il faut réfléchir sérieusement quand on est sur terre

La cendre brûle
Tel un bûcher ardent
La colère des sorciers
Le sortilège du diable

Vivre sans exister
Pour finir calciné
La douleur de ça
Les dents du fouet sur le dos

Les marques qui chaque nuit disparaissent
Pour réapparaître avec le jour
La douleur destructrice
La mort vivant

La détresse
La tristesse
La peur
L'horreur

Le paradis
C'est la marche vers le bonheur
Le lieu où il n'y a pas de leurre
Tout est parfait

C'est la paix
La tranquillité
Le rêve de tout le monde
La vie éternelle

L'arbre

C'est le témoin du temps
Celui qui depuis,
Lutte contre le vent
Il est là, debout et robuste

Il se plie pour prendre appui sur le sol
Quand le vent souffle
Quand le tonnerre gronde
Quand la forêt parle

Il est le point de référence
La ligne droite, le repère
Il est le point de chute
Le lieu de toutes les retrouvailles

Il est le centre du village
Le poteau de soutenance
Il est le père de la maison
C'est lui le chef, celui qu'on respecte

Il donne la direction à suivre
Il protège de la pluie
Il protège du soleil
Il redonne la liberté de penser

La joie de vivre en étant couvert

Il nourrit l'affamé et le pauvre
Il donne du travail aux nécessiteux
Il permet l'expansion de l'espèce

Il progresse avec nous
Il est fils de son temps
Il traverse les époques
Il traverse les saisons

Il est planté
Il grandit
Il germe
Il meurt

Puis vint la noix
Qui elle avant sa mort
Était un enfant
Sur le sol, il prend forme

Nourri par le feuillage
Et les restes de l'ancêtre
Il fleurit
Et devient un magnifique arbuste

À son tour, il évolue
La saison sèche
Succède à celle des pluies
Le vent ennemi du père

Le devient aussi pour le fils
La roue tourne

Et le vent, dans une course folle
Continue son chemin

Il participe à la construction de l'éducation
Il facilite le sommeil
Il mobilise l'attention
Il voyage à travers le monde

Chaque pays l'utilise à sa guise
Les transformations aident les économies
Les échanges peuvent souvent basculer d'un seul côté
Les plus pauvres continuent à être pauvres

Les grandes métropoles profitent du statut de colonisateur
Ils dictent même les prix
Ils détruisent les forêts tropicales
L'arbre pleure au même titre que son propriétaire

Quel héritage pour ses enfants
Les fruits nourrissent les toubabs
Les otanganis profitent du sol du Nègre
La faute aux dirigeants
Qui réfléchissent par la poche et non par la tête

L'écho

Écoutons les supplices des veuves
Regardons les larmes des miséreux
Marchons avec les grévistes
Dormons avec les sans-abris

Mangeons le riz à l'eau
Buvons de l'eau des puits
Lavons-nous dans les rivières
Crachons le sang de la bilharziose

Parlons d'abord de notre maison
Parlons d'abord de chez nous
Parlons d'abord de la pauvreté
Parlons d'abord du chômage

Il est diplômé, mais vend les mouchoirs
Il est pêcheur, mais ne vit pas de son métier
Il est agriculteur, mais aucune route pour acheminer ses produits
Il est infirmier, mais pas de matériels pour fonctionner

La vie est une sale chipie
Comme une prostituée
Tantôt chaude
Tantôt froide

Tantôt soyeuse
Tantôt âpre
Entends-tu
L'écho du silence

Le tam-tam chante la vie
Au rythme du Gnembet
Du Bwiti
Du Ndjobi

La montagne s'est tue
Le rossignol aussi
Le perroquet ne parle plus
Il a décidé de se taire

Le soleil ne brille
La lune n'apparaît
Regarde
Et observe

Entends-tu en toi
La mélodie de l'être chanteur
Charmeur de l'univers
Dictionnaire de l'histoire

Un carnet de notes bien rempli
Il dénonce l'amertume du peuple
Une population privée du rêve
Une nation dépourvue d'espoir

Même dire bonjour devient payant
Pour voyager il faut soudoyer quelqu'un
Pour avancer administrativement il faut donner
Le prix d'un service c'est un bidon de *mussungu*

Le vin de palme est considéré comme remède pour oublier
Les vraies histoires sont débattues à la réunion des parents d'élèves
Spaghettis viande le quotidien
Les *nikes* une philosophie acceptée

La mort se succède comme les jours
Les jeunes manquent de respect aux aînés
Les adolescentes sont en place dans les placements
Vive le pays des *louga*

Le taximan insulte le client
L'élève devient le maître
L'idiot prend les règnes
Et gouverne avec idiot

L'intellectuel
Comme un chien
Baisse la queue
Entre ses jambes tremblantes

Il a peur de la bêtise
Il a peur de la faim
Et est entiché du pouvoir
Vaille que vaille, il veut manger

Hier parlant aux côtés du peuple
Et pour le peuple
Aujourd'hui pour quelques billets de banque
Il torche le cul sur ce même peuple

Écoute et observe plus souvent
Les choses et les êtres
La nature parle
Elle te renseigne

Le jour dribble la nuit
La nuit meurt le jour
Les humains se succèdent
Comme le vent
Chacun passe dans ce monde

Les gouvernements brillent comme des flammes cachées
Le peuple appelle sans réponse
L'éducation se consomme comme l'acide
La santé évolue comme la politique

Les riches sont encore plus riches
Les pauvres plus pauvres
Les demoiselles jettent dans des poubelles le cordon ombilical d'une sexualité non assumée
Pendant que d'autres affichent la dépénalisation

La route s'arrête au pk12
L'université s'organise sur trois semestres

Les malades mentaux sont aussi des étudiants
Enseignant, étudiant et commerçant se côtoient

Les embouteillages un jour pour toujours
Les ministres ne respectent pas le Code de la route
La loi fait la loi sur la chaussée
Le trottoir un lieu d'échange de sexe

Entends-tu l'écho
La folle envie d'être
La surprise de l'être
L'émission du beau ?

Entends-tu le cri
De la perdrix
En colère contre ce monde
Debout et fier comme okoumé ?

Entends-tu...
Écoute le bruissement des feuilles
Les acclamations de la forêt
Le pas léger de la Panthère !

Écoute, écoute...
Écoute la vie
L'écho du silence
La radio de l'esprit

Désespoir en prime

La vie
Une triste guerre
La vie
Des audaces de naguère

L'existence
Est enfuie dans le silence
Affaiblie par une plaie béante
Traumatisée par les tempêtes géantes

Les hommes tuent les hommes
Les femmes détestent les femmes
L'humanité est en feu et en sang
La raison a pris la fuite et on se dit mieux vivre sans

Les grands piétinent les petits
Partout, on détruit les esprits
Éclairés
Puisque la bêtise et les idiots doivent être vénérés

Triste vie
Pénible réalité
Les populations sont condamnées
Et meurtries

Par ces hommes sans cœur

L'être animal
Qui chante le mal
En chœur

Les perles du levant

Il est quatre heures
Quand le ciel bleu
Chante l'hymne du jour

Les perles du levant
Encercle la ville
Dans une étreinte musclée

Les habitants depuis éveillés
Trémoussent sur le rythme
Des tambours battants

Quel réveil enjolivé !
Quelle énergie florissante !
Quelle beauté diurne !

Le vent réclame le silence
Les arbres de gauche à droite
Dans un hochement de la tête

Proclament la vie
Tout est bien
Tout est calme

Tout est tendresse
Tout est vitesse

Tout est joie

Rien n'est désagréable
Tout est destiné
Rien n'est horreur

Tout est bonheur
Beauté envoûtante
Temps de grâces

Île de merveilles
Vallée ointe
Et magnifique

Manipulation

S'inspirer de la vie
C'est faire face aux multiples évènements
Apprendre à mieux voir et à comprendre
Manifestement, des coups, il faut s'y attendre

Les fruits seront verts
Les fruits seront jaunes
Cela dépend de la plante
Cela dépend de la plantation

Impossible de dormir sans faire un tour
Impossible de laisser sans arroser
La pensée est esclave de là-bas
Elle nous conditionne, on n'y peut rien

Il faut préparer l'avenir
Laisser une plate-forme exploitable
Un héritage défini à l'infini
Une source d'eau intarissable

Être parent revient à penser
À prévoir pour des générations futures
Éviter la honte de la famille
Éviter le déshonneur de la lignée

Quand le bâton du guide t'est désormais tendu

Honte à toi, si tu ne fais pas mieux que le précédent
De ta main peut-être que l'entreprise mourra
De ta main peut-être qu'elle survivra
Tu en es maintenant le maître, telle est ta responsabilité

Dironde

Tu es
Et tu seras toujours une femme
Celle qui m'est très chère
Celle qui me fait planer

Je suis toujours où tu sais
Au même endroit
Porte...
Je t'attends sagement
Pour les autres, je délire

Seul mon cœur sait ce que j'ignore
Seul l'espoir fait vivre
La seule pensée de toi
Me replonge dans ton univers

Tu es mon passé
Tu es mon présent
Tu seras mon futur
Tu es mon infini

Tu es la définition de mes rêves
Il n'y a pas de hasard
Dans mon cheminement
Tu es mon humble destin

J'écris
J'écrirai
Je patiente
Je serai patient

Pour moi l'heure avance
Mais les jours se ressemblent
J'attends les bruissements de la forêt
Mais pas les battements de ton cœur

Je refuse de vivre sans toi
Aurais-je la force
De tenir debout ?
Mon amour, sans toi je meurs

Tant que tu vis
Je vivrais
Dans mon monde
Tu occupes mon espace

Tu resteras ma demeure
Tu seras mon lit
Mon lieu de repos
Toi ma précieuse terre
Je te défendrais toujours
Puisque je t'aime tant

TABLE DES MATIÈRES

POÉSIES DÉJÀ PARUES

Brasier de vers — CODAAF
Contemplations Urbaines — M. Yann
Mélodies Premières — Dany Okoumba
Ignonga, poèmes d'un Gabonais — Jerry Tadex Mawele
Mes passions brûlantes — Efry T. Mudumumbula et Princesse Loango
Nos vers en vert — CODAAF
La révolte des casses-rôles — CODAAF
Les larmes du poète — Guékourougo N. Koné

Réalisation de maquette : GNK Éditions Gabon

TEL : (+241) 066 600 380
gnkeditions.gab@gmail.com
Site : www.gnk-editions.com

ISBN papier : 978-2-37806-316-0
ISBN pdf : 978-2-37806-317-7
ISBN epub : 978-2-37806-318-4

Imprimé par GNK Impression
gnk.impression@gmail.com/ (+241) 077.853.540
Dépôt légal N° 18307 du 01 février 2022
1er Trimestre 2022

www.ingramcontent.com/pod-product-compliance
Lightning Source LLC
LaVergne TN
LVHW040943150826
845672LV00002B/523